Im Schweigen bei mir sein

Anselm Grün

IM SCHWEIGEN BEI MIR SEIN

Matthias-Grünewald-Verlag · Mainz

everlags gruppe engagement

Der Matthias-Grünewald-Verlag ist Mitglied
der Verlagsgruppe engagement

Ein Titeldatensatz für diese Publikation ist bei
Der Deutschen Bibliothek erhältlich

Umschlagbild: Studio Gerd Weissing, Nürnberg
Umschlaggestaltung: Kirsch Kommunikationsdesign GmbH, Wiesbaden
Druck und Bindung: Schmidt & More, Ginsheim-Gustavsburg

ISBN 3-7867-2362-1

INHALT

7 Vorwort
11 Im Schweigen bei mir sein
19 Verwandlung
33 Im Beten Gott begegnen
47 Gut mit sich selbst umgehen
55 Die Schöpfung – nie langweilig
61 Auf Gott zu-gehen – auf dem Weg zur Heimat
73 Sich in Gottes Hände fallen lassen

VORWORT

VIELE MENSCHEN sind heute unaufhörlich auf der Flucht vor sich selbst. Sie sehnen sich danach, zur Ruhe zu kommen. Aber sobald es um sie herum still wird, halten sie es nicht mehr bei sich aus. Sie machen den CD-Player oder den Fernseher an. Sie müssen die Stille übertönen. Oder sie greifen nach einer Tätigkeit, um sich abzulenken. Oft stöhnen sie dann, dass sie so gehetzt sind. Doch sie sind es selbst, die sich dauernd auf Trab halten. Weil sie unfähig sind zu schweigen, kommen sie nie zur Ruhe und nie zu sich selber.

Wer schweigt, der begegnet sich selbst. Diese Selbstbegegnung ist anfangs gar nicht so angenehm. Denn da kommt alles Verdrängte und Unterdrückte hoch. Ärger steigt auf. Die Enttäuschungen melden sich zu Wort. Das Gefühl, dass man an sich vorbei gelebt hat, zieht das Gemüt nach unten. Ich kann diese Gefühle nur aushalten, wenn ich sie Gott hinhalte und wenn ich zugleich weiß, dass ich mit allem, was in mir ist, von Gott angenommen und geliebt bin. Weil Gott wohlwollend auf mein inneres Chaos schaut, darf ich es auch anschauen, ohne mich dabei zu verurteilen. Alles darf sein, weil alles in mir von Gottes Liebe umgriffen ist. Wenn ich alles Gott hinhalte, wird mein Herz allmählich ruhig.

Schweigen bedeutet: Loslassen, was ist. Ich kann aber nur loslassen, was ich angenommen habe. Wir würden gerne unsere Ängste, unsere Unruhe, unseren Ärger loswerden. Doch dann schauen wir nicht an, was uns ängstigt und aufwühlt. Loslassen heißt: wahrnehmen, was ist, und dann Gott übergeben. Sobald ich versuche, still zu werden, werden immer wieder Gedanken und Gefühle in mir auftauchen. Es hat wenig Sinn, dagegen anzugehen. Je mehr ich gegen meine Unruhe kämpfe, desto stärker wird sie. Ich lasse sie zu, nehme sie wahr. Und indem ich sie wahrnehme, distanziere ich mich von ihr und relativiere sie. Sie ist da. Aber sie beherrscht mich nicht mehr. Sie darf sein. Sie hat auch ihr Recht. Aber sie ist nicht alles. Mitten in meiner Unruhe ist schon Ruhe, mitten in meiner Angst schon Vertrauen. In meiner Wut ist zugleich Mitgefühl, in meiner Eifersucht Liebe, in meiner Traurigkeit Freude.

Das Ziel des Schweigens ist, eins zu werden mit mir selbst und mit Gott. Indem ich einverstanden bin mit dem, was in mir ist, hebt sich der innere Zwiespalt auf und ich bin ganz bei mir. Bei mir zu sein bedeutet für mich zugleich: bei Gott sein. Wenn ich eins bin mit mir, bin ich eins mit allen Menschen, mit aller Schöpfung und mit dem, der alles zusammenhält, mit Gott, der alles in allem ist. In uns ist ein Raum des Schweigens, in dem Gott wohnt. Dort, wo Gott in uns wohnt, haben die Menschen mit ihren Erwartungen und Ansprüchen, mit ihren Urteilen und Verurteilungen keinen Zutritt. Dort bin ich ganz frei. Dort bin ich ganz bei mir. Dort bin ich daheim, weil Gott, das Geheimnis, selbst in mir wohnt. Gott ermöglicht mir das wahre Schweigen: Alle Bilder von mir und von Gott fallen von mir ab. Mein Geist denkt nicht mehr an Gott und über Gott nach. Er wird eins mit Gott. Wo Gott ist, dort ist das wahre Schweigen. Dort werde ich still. Dort wird meine Unruhe gestillt, weil Gott alle meine Sehnsüchte erfüllt.

Anselm Grün

IM SCHWEIGEN BEI MIR SEIN

DAS SCHWEIGEN ist die innere Haltung, in der ich mich für die Wirklichkeit des mich umgebenden Gottes aufschließe. Sie ist also mehr als Nicht-Reden. Nicht reden kann ich auch mit zusammengebissenen Zähnen. Für Gottes Gegenwart kann ich mich jedoch nur öffnen, wenn ich mich mit dem ganzen Leib aufmache, wenn ich mich nicht fest halte, sondern den Panzer meiner Haut aufbreche, um Gottes Gegenwart durch den Leib strömen zu lassen. Wenn ich so im Leibe offen durch die Natur gehe, dann fühle ich mich eingehüllt von Gottes Gegenwart, einer Gegenwart, die nicht bedrückt, sondern befreit und heilt, in der ich mich daher auch körperlich wohl fühle.

SCHWEIGEN meint nicht bloß, dass ich nichts rede, sondern dass ich die Fluchtmöglichkeiten aus der Hand gebe und mich aushalte, wie ich bin. Ich verzichte nicht bloß auf das Reden, sondern auch auf all die Beschäftigungen, die mich von mir selbst ablenken.

Im Schweigen zwinge ich mich, einmal bei mir zu sein. Wer das versucht, der entdeckt, dass es zunächst gar nicht angenehm ist. Es melden sich da alle möglichen Gedanken und Gefühle, Emotionen und Stimmungen, Ängste und Unlustgefühle. Verdrängte Wünsche und Bedürfnisse kommen ans Licht, unterdrückter Ärger steigt hoch, ausgelassene Chancen, nicht gesagte oder ungeschickte Worte fallen einem ein. Die ersten Augenblicke des Schweigens enthüllen uns oft unser inneres Durcheinander, das Chaos unserer Gedanken und Wünsche.

DAS SCHWEIGEN

dient dem Hören auf das Wort Gottes und dem Beten ...

Es ermöglicht eine Atmosphäre, in der man beten kann. Und es bewahrt das, was im Gebet gewachsen ist. Wer nach dem gemeinsamen Gebet sofort wieder spricht, kann die Frucht des Gebetes nicht halten. Die Sammlung verfliegt, er gießt aus, was sich in ihm gesammelt hat. Das Schweigen lässt dagegen das Gebet noch nachklingen und sich im Herzen niedersetzen.

SCHWEIGEN ALS HEILMITTEL. Das kommt uns vielleicht fremd vor, weil wir das Schweigen zu sehr mit Unterdrücken und Verdrängen in Zusammenhang bringen. Doch es kann ebenso hilfreich sein, Probleme erst einmal schweigend auszuhalten und nicht gleich darüber zu reden. Man kann innere Vorgänge und Prozesse auch zerreden. Für manche ist es fast eine Sucht, sich ständig über ihr Seelenleben zu verbreiten, sie kultivieren ihre Probleme, indem sie sie jedermann vorzeigen.

WENN IM SCHWEIGEN alle möglic
danken und Gefühle in mir auftauchen, so kan
ihnen solange kämpfen, mich mit ihnen solang
dersetzen, bis sie zur Ruhe kommen ... Oder ic
Gedanken und Gefühle nicht so wichtig und
fach los. Loslassen meint nicht, dass ich si
dass ich mich also anstrenge, sie aus mi
damit ich endlich Ruhe habe. Ich scha
Gedanken oder das Gefühl an und lass
nicht so wichtig.

WENN ICH darauf vertraue, dass ich von Gott angenommen bin mit all den Gedanken, die mich quälen und bedrängen, dann werde ich frei von diesem Druck und dann lasse ich letztlich die Gedanken los. Auch wenn sie wiederkommen, ängstigen sie mich nicht und besetzen mich nicht mehr. Sie kommen und gehen, ich selbst aber bleibe innerlich frei, innerlich still und ruhig.

ES GEHT IM SCHWEIGEN letztlich um einen inneren Thronwechsel. Nicht mehr ich selbst soll auf dem Thron sitzen, nicht mehr ich soll planen, wie mir meine frommen Übungen und meine religiösen Ideale einen Zuwachs an geistlichem Reichtum vermitteln können, sondern Christus soll in mir herrschen. Nicht ich und meine geistlichen Bedürfnisse stehen dann im Mittelpunkt, sondern Christus, dem ich mich überlasse, indem ich mich selbst im Schweigen loslasse, indem ich das Heft aus der Hand gebe und Christus an und mit mir handeln lasse.

VERWANDLUNG

GEISTLICHES LEBEN ist keine Leistung, die wir zu vollbringen haben, sondern ein innerer Weg, der uns mehr und mehr wandeln möchte. Im Geistlichen Leben lasse ich mich auf den Gott des Lebens ein, der sein göttliches Leben in mir durch viele Wandlungen hindurch entfalten will. Die innere Wandlung vollzieht sich spiralförmig. Es ist keine Einbahnstraße, auf der ich immer weiter voranschreite, sondern ein spiralförmiges Gehen, bei dem ich scheinbar immer wieder zum Ausgangspunkt zurückkomme, um mit neuer Kraft weiter zu gehen.

DIE VERWANDLUNG des Menschen geht immer auch über seinen Leib ... Der Leib drückt aus, ob der Mensch sich an seinem Ego festhält oder ob er durchlässig ist für Gott, für das Sein, für das Wesen ... Wer an sich selbst festhält, dem ist das wahre Leben verschlossen. Er wird alle Wirklichkeit mit seinem fixierenden Blick betrachten und kann daher nicht zum Grund, zum Sein vordringen.

DER WANDLUNGSWEG des geistlichen Lebens geht vor allem über das Gebet und die Meditation. In der Meditation, so wie sie die frühen Mönche verstehen, geht es nicht darum, über ein Wort aus der Schrift nachzudenken, sondern sich durch das Wort mehr und mehr verwandeln zu lassen. Indem ich mir immer wieder ein Wort aus der Schrift vorsage und es mit dem Atem verbinde, verwandelt Gott selbst mich durch sein Wort, in dem er gegenwärtig und wirksam ist.

DER RAUM DER STILLE in uns ist für die Mystiker der Ort der Gottesgeburt. Gottesgeburt ist das tiefste Symbol der Verwandlung, die Gott uns zugedacht hat. Wenn Gott in uns geboren wird, dann wird alles neu, dann fangen die Dornen an, Rosen zu tragen, dann wird der Fels zur Quelle strömenden Wassers, die Wüste wird erblühen und unsere Dunkelheit hell.

TIEFE VERWANDLUNG geschieht immer dann, wenn ich selbst ohnmächtig bin, wenn ich nichts mehr tun kann, sondern einfach aushalten muss, was mir widerfährt. Was Gnade ist und wie Gnade mich verwandeln kann, das erkenne ich erst, wenn ich nicht mehr weiter kann, wenn ich hilflos am Boden liege und eingestehen muss, dass ich mich nie ändern und verbessern werde, dass ich von mir aus nie mein Leben an Gott ausrichten werde. Die Erfahrung der Ohnmacht ist die Voraussetzung meiner tiefsten Verwandlung.

IN JENEM LEID, das uns widerfährt, steckt immer auch die Chance der Verwandlung. Natürlich verwandelt das Leid nicht automatisch. Es kann mich auch bitter machen und mich in mir selbst verschließen. Aber wenn ich mich dem Leid stelle, das Gott mir zumutet, und es vor Gott aushalte, dann kann es mich im Tiefsten wandeln, dann kann es mich mit neuen Qualitäten meiner Seele in Berührung bringen, die mir sonst verschüttet sind.

EIN VORZÜGLICHER ORT der Verwandlung kann auch die Krankheit sein. In der Krankheit reagiert mein Leib auf die Erfahrungen meines Lebens, auf meine Enttäuschungen, meinen Ärger, meine Überforderung. Die Krankheit zwingt mich, mein Lebenskonzept zu überprüfen, mich zu fragen, wo ich an der Wahrheit vorbeilebe. Die Krankheit ... kann mich in Berührung bringen mit meiner tiefsten Wahrheit, mit dem, was den Wert meines Lebens letztlich ausmacht. Die Krankheit muss nicht in erster Linie bekämpft werden, sondern sie will befragt werden, was sie mir sagen und wohin sie mich führen will. Wenn ich mich mit meiner Krankheit aussöhne, kann sie in mir einen Wandlungsprozess hervorrufen, an dessen Ende der geläuterte und befreite, der erlöste und heile, der barmherzige und liebende Mensch stehen wird.

WENN ICH VERSUCHE, mich in die Krankheit hineinzuspüren, so kann ich auf dem Grund der Krankheit auf meine eigentliche Wahrheit stoßen, da kann auf einmal etwas von meinem Wesen, von meiner wirklichen Gestalt, sichtbar werden. Da sie meinen Leib am Funktionieren hindert, kann sie mir zeigen, dass etwas anderes in meinem Leib aufscheinen, dass etwas von der Transzendenz sichtbar werden möchte.

VIELE psychologisch geschulte Menschen versuchen, in der Krankheit ihre inneren Fehlhaltungen zu entdecken. Aber sie übersehen oft, was in der Krankheit zum Leben kommen möchte. Meine Krankheit ist auch meine größte Chance. Dort, wo ich ohnmächtig bin, wo ich mich nicht anders machen kann, da komme ich auch in Berührung mit meinem inneren Kern, mit meinem wahren Wesen, mit dem unverfälschten Bild, das Gott sich von mir gemacht hat und das in mir Gestalt werden will.

JESUS hat den Prozess des inneren Wandels in einigen Gleichnissen beschrieben. Da ist etwa das Gleichnis vom Senfkorn, das langsam emporwächst zu einem Baum. Lange merken wir nichts von der Verwandlung. Aber auf einmal sind wir für andere zu einem Baum geworden, an den sie sich anlehnen, unter dessen Schatten sie Geborgenheit erfahren und in dessen Zweigen sie vergnügt leben können.

DER BIBLISCHE AUSDRUCK für die Wandlung des Menschen ist Umkehr, Bekehrung … Umkehren hat einen Weg vor Augen, auf dem ich umkehre, einen anderen Weg einschlage, eine Wendung mache, mich wende. Wenden ist ja die Urwurzel von Wandlung. Sich wenden, seinem Leben eine Wendung geben, das wandelt den Menschen.

WIR BRAUCHEN den liebenden Blick, die vorurteilslose Begegnung, um den Schatz in uns zu entdecken und zu heben. Ich entdecke mein Ich gerade am Du. Die Begegnung mit dem Du lässt mich erkennen, was das tiefste Geheimnis meines Selbsts ist. Und sie bewirkt, dass mein Selbst aus dem Chaos meiner verschiedenen Gedanken und Gefühle, aus dem Durcheinander meiner Rollen und Masken, klar hervortritt und immer mehr zu seiner wahren Gestalt heranwächst.

BEGEGNUNG geschieht immer nur in kurzen Augenblicken. Die Beziehung zwischen den Menschen dagegen spiegelt ein dauerndes Verhältnis wider. Die Verwandlung des Einzelnen wirkt sich auf seine Beziehungen aus. Wir können die Verwandlung des Menschen in einer Beziehung und die Wandlung der Beziehung selbst beobachten. Beides hängt eng miteinander zusammen. Meine Verwandlung verändert meine Beziehungen und die Wandlung der Beziehung wirkt sich auf den Prozess meines Reifens und Wachsens aus.

IM BETEN GOTT BEGEGNEN

VIELE ERFAHREN ihr Gebet nicht als Dialog, sondern eher als Monolog. Und sie fragen, ob sie da nicht gegen eine leere Wand reden. Andere tun sich schwer, Worte zu finden, um das Gespräch in Gang zu bringen. Gebet ist für sie anstrengend. Und oft geben sie es auf, weil sie nicht wissen, wie und was sie Gott sagen sollen. Um den Problemen, die viele mit dem Gebet haben, besser gerecht zu werden, kann ein anderer Begriff hilfreich sein: das Gebet als Begegnung.

Über das Geheimnis der Begegnung hat vor allem Martin Buber neu nachgedacht, der das Du in der Begegnung zum Ausgangspunkt der eigenen Selbstfindung macht: „Ich werde am Du; Ich werdend spreche ich Du. Alles wirkliche Leben ist Begegnung.“

DER MENSCH kommt zu sich selbst erst in der Begegnung mit einem Du, mit dem Du des Menschen, aber auch mit dem Du Gottes. Begegnung ist ein Geschehen, das die Begegnenden verwandelt. Ich komme anders aus einer Begegnung heraus, als ich hineingehe. Aber das Geschehen der Begegnung selbst ist nicht leicht begrifflich zu fassen. Es ist ein Geheimnis des andern und das Geheimnis Gottes.

Gebet als Begegnung des Menschen mit Gott ist immer ein Geschenk der Gnade Gottes an uns, nie unser Verdienst. Gott selber kommt uns aus freier Gnade entgegen. Wir können ihm nur begegnen, weil er uns begegnen will, weil er gegenwärtig ist und darauf wartet, dass auch wir da sind, bereit, ihm zu begegnen.

DER ERSTE AKT des Gebetes ist, dass ich erst einmal mit mir selbst in Berührung komme. Das haben uns die Kirchenväter und früheren Mönche immer wieder gelehrt. So sagt Cyprian von Karthago: „Wie kannst du von Gott verlangen, dass er dich hört, wenn du dich selbst nicht hörst? Du willst, dass Gott an dich denkt, und du selber denkst nicht an dich."

Wenn ich sofort in fromme Worte oder Gefühle fliehe, so führt mich das Gebet nicht zu Gott, sondern nur in die weiten Räume meiner Fantasie. Ich muss erst ehrlich in mich selbst hineinhorchen. In der Begegnung mit Gott muss ich mir selbst begegnen. Dabei können wir nicht sagen, was zuerst kommt, die Selbstbegegnung als Voraussetzung für die Gottesbegegnung oder die Gottesbegegnung als Voraussetzung für die Selbstbegegnung. Beides bedingt sich gegenseitig und vertieft einander.

WENN WIR ANFANGEN zu beten, tut es uns gut, hineinzuhorchen in das Geheimnis Gottes, alle Bilder zu übersteigen und etwas zu erahnen von dem immer größeren Gott. Auch hier werden wir nicht zu einem Punkt kommen, wo wir Gott definieren können, sondern wir werden nur sensibler werden für das Geheimnis des Gottes, dem wir im Gebet begegnen wollen.

WAS SOLL ICH NUN Gott sagen? Ich soll ihm alles sagen, was in mir auftaucht. Ich soll mein Leben zur Sprache bringen, so wie es konkret ist. Ich kann Gott von Begegnungen mit Menschen erzählen, von dem, was mich gerade beschäftigt, von Ärger und Enttäuschung, von Freuden und schönen Erlebnissen, von Ängsten und Sorgen und von meiner Hoffnung. Das Gebet muss nicht fromm sein, es soll nur ehrlich sein, es soll wirklich mein Leben vor Gott ausbreiten.

Wenn mir Gott ferne rückt, dann rede ich darüber mit ihm. Wenn ich ärgerlich werde, sage ich es ihm. Und wenn mir nichts mehr einfällt, spreche ich mit Gott darüber, wie viel wichtiger mir andere Dinge sind als er. Diese Weise des Betens ist allerdings keine Übung für jeden Tag, sonst würde sie zu einem Geplapper werden. Von Zeit zu Zeit, vor allem dann, wenn es in mir durcheinander und leer geworden ist, ist es eine gute Hilfe.

DAS GEBET geht immer anders aus, als ich erwartet habe. Es zwingt mich in die Wahrheit. Ich kann Gott nichts vormachen. Ich muss ihm sagen, wie es wirklich mit mir steht. Es genügt nicht, ihm alles Mögliche zu erzählen, ich muss ihm meine innerste Wahrheit sagen. Nur dann wird mich das Gebet befreien. Denn die Wahrheit allein wird uns frei machen.

WENN ICH vor Gott sitze und auf ihn schaue, dann steigt von alleine auf, was wichtig ist. Vor allem regt sich das, was nicht recht war … Ich muss dann gar nicht nach meinen Fehlern und Sünden forschen. Indem ich Gott anschaue, entdecke ich selbst, was nicht recht war. Das Gebet ist dann der Ort, wo ich ungeschützt vor Gott bin, wo ich nichts zwischen ihn und mich halte, keine Worte, keine vorformulierten Gebete. Ich halte vielmehr mich selbst hin. Das zwingt mich in die Wahrheit.

Wir sollen im Gebet Gott unseren Mangel hinhalten, unsere Sehnsucht, unser Unvermögen an uns und unserem Leben. Und wir sollen Gott unsere Sünden hinhalten, unsere Schattenseiten. Das Gebet befreit nur dann, wenn ich Gott auch in meine Abgründe schauen lasse, in das Verdrängte, in das vom Leben ausgeschlossene, in die mörderischen Tendenzen meines Herzens, in das Falsche und Dunkle, in die Leidenschaften der Seele und in die Bedürfnisse und Wünsche, die unter der Oberfläche liegen.

FÜR VIELE ist Beten identisch mit Bitten. Das ist sicher zu einseitig. Aber dennoch ist auch das Bitten ein wesentlicher Teil der Begegnung mit Gott. Ich darf Gott um alles bitten, was mir wichtig ist. Bitten heißt zunächst, dass ich meine Bedürfnisse und Wünsche zugebe, dass ich Gott sage, was mir fehlt und wonach ich mich sehne. Bedürfnisse und Wünsche gehören wesentlich zu mir. Und es wäre Stolz, sie zu verdrängen oder sie aus der Begegnung mit Gott herauszuhalten. Ich darf vor Gott alles aussprechen, auch meine Wünsche und Bedürfnisse, auch meine Nöte und Schwierigkeiten.

ICH DARF Gott zutrauen, dass er mich versteht und dass er meine Wünsche ernst nimmt. Doch zugleich lasse ich mich im Bitten von Gott in Frage stellen. Indem ich ihm in aller Freiheit meine Wünsche sage, bekomme ich auch schon Abstand dazu. Ich halte sie Gott hin und lasse mich von ihm in Frage stellen. Bitten ist dann ein Ringen mit Gott, an dessen Ende die Ergebung in Gottes Willen steht. Aber ich muss mich eben nicht sofort in Gottes Willen ergeben, sondern darf ihm durchaus meine eigenen Vorstellungen und Wünsche sagen.

IM GEBET begegne ich nicht nur Gott, sondern auch in neuer Weise meinen Brüdern und Schwestern. Wenn ich für einen anderen Menschen bete, dann sehe ich ihn mit neuen Augen. Ich lasse meine Vorurteile los und sehe ihn mit den Augen Gottes. Das bringt mich in eine neue Beziehung zu ihm.

DAS GEBET für den andern führt nicht nur zu einer neuen Begegnung mit dem Menschen, für den wir beten, sondern es vertieft auch die Begegnung mit Gott. Gerade wenn ich für einen Menschen bete, den ich liebe, kann mich das Gebet in eine größere Nähe zu Gott bringen. Der andere wird dann ein Bild, durch das hindurch ich auf Gott schauen kann. Und Gott bekommt durch den andern ein menschliches Antlitz. Und meine Liebe zu Gott wird getragen von den Gefühlen zum geliebten Menschen.

WENN ICH mich eine Zeit lang in den anderen hineingefühlt habe, kann ich Gott bitten, dass er ihm das schenken möge, was er braucht, dass er ihn segnen möge. Ich kann versuchen, ihm zu wünschen, was ihm gut tut. Aber bald werde ich merken, dass ich mit meinen Worten nicht weiterkomme. Mir fallen keine neuen Worte mehr ein. Dann kann ich immer nur wiederholen: Herr, segne ihn, segne sie.

EIN ORT DER BEGEGNUNG mit Gott oder mit Jesus Christus ist die Anbetung. Das Phänomen der Anbetung gibt es in allen Religionen ... In der Anbetung falle ich vor Gott nieder, weil Gott Gott ist. Ich will nichts von ihm erbitten, ich will durch die Anbetung auch nichts erreichen, weder schöne Gefühle, noch Gelassenheit und Ruhe. Ich spreche in der Anbetung nicht über meine Probleme, ich lobe mich nicht, ich tadle mich nicht, ich falle einfach vor Gott nieder, weil er mein Herr ist, weil er mein Schöpfer ist.

IN DER ANBETUNG versuche ich, allein auf meinen Gott zu schauen. Da beschäftigen mich keine Probleme, keine Menschen, da erfüllt Gott mich ganz und gar. In der Anbetung steckt die Sehnsucht, endlich einmal frei zu sein vor mir selbst, frei zu sein von dem ständigen Kreisen um mich, von der Sucht, alles auf mich zu beziehen, überall etwas für mich haben zu wollen.

Indem ich mich vergesse, bin ich ganz frei, ganz von Gott ergriffen. Jetzt ist nichts anderes mehr wichtig. Meine Probleme sind nicht mehr wichtig, meine Schuld nicht mehr, mein psychischer Zustand nicht. Nur Gott allein zählt.

Indem ich mich vergesse, komme ich zur Ruhe, da hört der Lärm meiner Gedanken und Gefühle auf. Da bin ich endlich angekommen, da bin ich nach langem Suchen endlich daheim. Daheim sein kann man nur, wenn man vor dem Geheimnis niederfällt. Anbetung ist die Erfahrung von Heimat. Wenn wir vor dem Geheimnis Gottes niederfallen, sind wir wirklich angekommen.

GUT MIT SICH SELBST UMGEHEN

WENN ICH daran glaube, dass ich von Gott als gut geschaffen worden bin, dass er mich mag, dass er mich annimmt, wie ich bin, dann muss ich auch selbst gut mit mir umgehen. Das fängt damit an, dass ich auf meine innersten Wünsche und Sehnsüchte höre und mir das gönne, was mir wirklich gut tut.

Ich muss so tief in mich hineinhorchen, dass ich auf Gott in mir stoße und verstehe, was er von mir will. Das ist dann das, was mir wirklich gut tut, was mein ganz persönliches, einmaliges Leben in mir weckt ... Dieses Leben soll ich mir gönnen und es zu entfalten suchen. Eine Hilfe kann dabei sein, meinen eigenen Lebensstil zu entwickeln, einen gesunden Lebensstil, in dem ich mich wohl fühle, der mir das Gefühl gibt, dass ich selbst lebe und nicht gelebt werde, dass ich ganz im Augenblick lebe, ganz ich selbst und ganz in dem, was ich gerade tue, und dass ich allem, was ich tue, meine Form aufpräge.

DAS GEFÜHL, gelebt zu werden, von anderen getrieben und bestimmt zu werden, macht uns unzufrieden. Die Liebe zu uns selbst würde darin bestehen, gut mit unserer Zeit und mit ihren Herausforderungen umzugehen und das, was uns von außen vorgegeben ist, zu unserem Eigenen zu verwandeln. Wenn wir den Eindruck haben, von anderen bestimmt zu werden, von Terminen gejagt zu werden, dann erleben wir das als Entfremdung.

SICH SELBST ANNEHMEN heißt, sich selbst in seine Hände nehmen, zärtlich und gut mit sich umgehen. Liebe ist etwas Handgreifliches, etwas Leibhaftiges. Ich gehe gut mit mir um, wenn ich meinen Leib gut behandle, ich soll ihn nicht verweichlichen, sondern durchsichtig machen auf Gott hin. Ich soll auf ihn hören. Durch Krankheit, durch Behinderungen, durch Schmerzen sagt er mir etwas über mich selbst aus. Was er mir sagt, das soll ich annehmen, in meine Hände nehmen, einen Teil von mir werden lassen, mich damit aussöhnen.

AUCH MEINE GEDANKEN soll ich annehmen, als einen Teil von mir akzeptieren. Aber ich soll auch unterscheiden, ob die Gedanken nicht von außen auf mich einstürmen und mich daran hindern, ich selbst zu sein. Dann muss ich auch gegen die Gedanken kämpfen und mich dadurch gut behandeln, dass ich gute Gedanken in mich einlasse, mich von ihnen heilen lasse. Die Mönche füllten sich bewusst mit guten Gedanken an, indem sie die Bibel lasen. Bibel lesen war für sie nicht nur Gottesliebe, sondern auch ein Stück Selbstliebe. Denn die Bibel vertreibt unsere negativen Gedanken und heilt uns durch die göttlichen Gedanken, die uns unseren eigentlichen Kern erst entdecken lassen.

GOTT SCHÜTZT UNS, er heilt unsere Wunden, unsere Krankheiten. Er ist uns Halt und Stütze. Er reißt uns heraus aus der Not, aus dem tiefen Schlamm, aus gewaltigen Wassern, aus der Hand der Feinde. Hier wird deutlich, dass Erlösung etwas mit unserem alltäglichen Leben zu tun hat, und dass man sie nicht einseitig in die Vergangenheit verlegen und nur auf die Schuld gegenüber Gott beschränken darf.

WENN GOTT KOMMT, dann wird die Wüste in unserem Herzen erblühen, dann wird mitten in unserer Leere und in unserer Dürre ein Quell aufbrechen und uns lebendig machen. Oder wie es ein anderes Bild der Bibel ausdrückt: Tau wird sich vom Himmel niederlassen und die Erde befruchten. Die Wolken des Himmels sollen den Gerechten herabregnen, damit neues Leben aufkeime, damit unsere Welt wieder bewohnbar werde.

GOTT mit ganzem Herzen zu lieben, das meint, dass wir Gott an die erste Stelle rücken, dass wir alles so behandeln, wie es der Wirklichkeit entspricht, als das uns von Gott Gegebene und nicht als Gott selbst. Gott lieben ist damit letztlich der wirklichkeitsgerechte Umgang mit Menschen und Dingen, mit unserer Zeit und mit unserem Leben.

DIE SCHÖPFUNG – NIE LANGWEILIG

DIE SCHÖPFUNG wird für mich nie langweilig. Ich spüre in ihr immer wieder etwas von dem unendlichen Geheimnis Gottes. Und diese Sicht führt auch zu einem neuen Erleben meiner selbst. Ich fühle das Leben Gottes, das sich in der Natur um mich herum so mannigfaltig regt, auch in mir.

FÜR VIELE MYSTIKER ist das grundlegende Daseinsgefühl das der Einheit. Sie fühlen sich eins mit Gott, aber auch eins mit der Natur. Das ist kein Pantheismus, sondern die Erfahrung, dass Gottes Geist die ganze Schöpfung durchdringt. Und von Gott her kann der Mensch dann die Schöpfung erst in ihrer eigentlichen Wahrheit und Wirklichkeit erkennen.

WENN ICH die Welt um mich herum als Geschenk Gottes an mich behandle, dann hege und pflege ich sie, dann beute ich sie nicht aus, dann spiele ich mich nicht zu ihrem Herrn auf. Gott ist Herr über die Schöpfung. Sie spiegelt seine Herrlichkeit und seine Macht wider. In meinem Umgang mit der Schöpfung beachte ich immer, dass ich in ihr etwas von Gott berühre. Seine Schöpfung ist von seinem Geist durchdrungen. In der Schöpfung gehe ich daher im wahrsten Sinne des Wortes handgreiflich mit Gott um.

DIE LIEBE zu Gott zeigt sich in der Zeit, die wir uns für ihn nehmen. In dieser Zeit beschäftigen wir uns bewusst mit dem, der hinter aller Schöpfung und Geschichte steht, der auch hinter unserem Leben steht. Und dieses Geheimnis, das alle sichtbare Wirklichkeit übersteigt, wird in der Bibel als eine Person gesehen, mit sehr menschlichen Farben geschildert, als liebenswerter Gott, aber oft genug auch als unverständlicher Gott, über dessen Tun man lange nachdenken muss, mit dem man lange ringen und kämpfen muss, um sich schließlich zu ergeben und daran glauben zu können, dass man sich in seine liebenden Hände hinein ergibt.

DIE WELT UND DIE MENSCHEN werden nur durchlässig auf Gott hin, wenn wir uns Zeit nehmen allein für diesen Gott, wenn wir in die Stille hinein horchen, um diesem Geheimnis näher zu kommen, es besser zu verstehen und schließlich mit ihm eins zu werden. Gott lieben heißt letztlich, mit ihm eins werden. Die Liebe deutet nicht nur um, sie wandelt um. Sie nimmt Gott und sein unbeschreibliches Geheimnis so in die Hände, dass sie eins werden mit ihm. Das ist das Ziel aller Liebe, eins zu werden mit Ihm.

AUF GOTT ZU-GEHEN – AUF DEM WEG ZUR HEIMAT

VIELE MENSCHEN sind offensichtlich fasziniert von der Erfahrung des Auf-dem-Weg-Seins, die ihnen das Wandern vermittelt. Sie sehen darin ein Sinnbild für ihr Leben. Das Leben ist ein Weg. Schritt für Schritt geht jeder seinen Weg, trägt seine Lasten mit. Es gibt Umwege, Irrwege, Durststrecken, beschwerliche und leichte Wege. Man geht Wege, die andere vorausgegangen sind. Sie haben Wegzeichen aufgestellt, damit wir unseren Weg finden.

WENN DER GLAUBE in der Bibel mit Begriffen wie „ausziehen, pilgern, unterwegs sein" ausgedrückt wird, so kann man etwas vom Wesen des Glaubens verstehen, indem man sich auf den Weg macht.

AUF DEN INNEREN WEG mache ich mich nur, wenn ich mich freigehe von allem, was mich daran hindert, ich selbst zu sein. Wandernd muss ich die Rollen ablegen, die ich spiele, die Masken abfallen lassen, die mein Wesen verdecken und entstellen. Wer bin ich, der da geht, wenn all das Zufällige wegfällt, wenn nicht mehr zählt, was ich geleistet habe, was ich bei den Menschen gelte?

WANDERND gehe ich mich hinein in mein Wesen, in meine Wahrheit, in meinen Kern. Was die Menschen von mir halten, ist nicht wichtig, das fällt beim Gehen ab. Was ist mein Kern, wer bin ich wirklich vor Gott? Im Wandern ziehe ich aus aus allem Zufälligen und mache mich auf den Weg zu mir selbst, auf den Weg zu Gott, zu meinem Gott, zum Gott meines Lebens.

DAS STÄNDIGE GEHEN, die gleichmäßige Bewegung, der man sich überlassen kann, ohne viel zu denken, kann zu einem Reinigungsweg werden. Man kann vieles abfallen lassen. Innere Unruhe legt sich, das, was einen gerade noch geärgert oder aufgewühlt hat, kommt zur Ruhe. Man geht sich frei von aller Unrast und von allem Unrat der Seele. Viele Menschen machen die Erfahrung, dass sie durch das Gehen ruhiger werden, ruhiger, als wenn sie sich schweigend hinsetzen würden.

IM STÄNDIGEN WEITERGEHEN üben wir das innere Weitergehen ein. Wir lassen uns auf einen Weg ein, der uns ständig wandelt. Wandern und Wandlung hängen schon sprachlich zusammen. Wer wandert, wandelt sich mit jedem Schritt. Er bleibt nicht der gleiche. In ihm bewegt sich etwas. Wandern und wandeln haben die gleiche Wurzel „wenden". Es geht beim Wandern um eine innere Wende, um eine Umkehr. Umkehr bleibt nicht einmalig, sondern beständiger Auftrag. Wandern heißt „wiederholt wenden", sich ständig wandeln.

INDEM ich mich dem Gehen überlasse, ziehe ich aus aus dem, was mich gefangen hält, ich ziehe aus aus Gewohnheiten, die mich fesseln, aus Bindungen an Menschen, ohne die ich nicht leben kann, aus der Unfreiheit, in die mich meine Bedürfnisse und Wünsche gebracht haben, ich lasse meinen Besitz hinter mir, Komfort und Bequemlichkeit. Ich verzichte auf den Kontakt mit Menschen. Für sie bleibe ich eine Zeit lang unerreichbar. So ziehe ich aus aus der Welt, aus der Verbindung mit ihr und gehe mich in eine immer größere Freiheit hinein, in die Freiheit des Glaubens, der sich an nichts festhält außer an Gott.

NICHT DIE MENGE der gewanderten Kilometer zählt, sondern die Freiheit, in die der Auszug und das Unterwegssein führen. Das Gehen bewirkt nicht automatisch diese Freiheit, aber es könnte uns in sie einüben. Im Gehen bin ich nirgends daheim, lasse ich mich nirgends nieder. Ich lasse die schönsten Landschaften hinter mir. Ich will die Eindrücke nicht festhalten. Ich gehe durch diese Welt hindurch wie durch etwas Vorläufiges. Dieses Verständnis von Wandern unterscheidet sich wesentlich von unserer heutigen Sicht. Wir wollen etwas erleben, von dem wir dann interessant erzählen können. Die Mönche ziehen nicht durch die Welt, um Neues zu erleben, sondern um neu zu werden. Sie wollen im Gehen ihren Glauben einüben, dass sie Fremdlinge und Pilger auf dieser Erde sind, dass nicht die Erde mit all ihrer Schönheit, sondern allein Gott ihre Heimat ist.

GLAUBEN HEISST, die Welt übersteigen auf Gott hin, der Welt fremd werden und sich auf den Weg zu Gott machen. Wir haben hier keine bleibende Stätte, sondern wir sind immer unterwegs als Pilger. Was uns auf dem Wege hält, das ist die brennende Sehnsucht nach der Heimat.

MANCHMAL weiß ich gar nicht, wann und wie und warum sich etwas in mir verwandelt. Das Leben selbst wandelt mich. Jeder Weg, den ich gehe, ist ein Wandlungsweg. Schon vom Wort her hängen ja Wandern und Wandeln eng miteinander zusammen. Die vielen Wege, auf denen ich wandle, wandeln mich. So geht es einfach darum, sensibel zu werden für das Geheimnis der Verwandlung, die in jedem von uns steckt.

WER VERSUCHT, sein Wandern einmal unter dem Aspekt zu sehen, dass er auf Gott zugeht, der kann erfahren, wie relativ für ihn alles wird, was er hier auf Erden tut. Er geht über diese Welt hinweg auf Gott hin. Der Boden entschwindet immer wieder seinen Füßen. Er bietet ihm keinen festen Halt. Wir gehen immer weiter, alles bleibt zurück. Wir berühren diese Erde mit jedem Schritt, aber wir verlassen sie auch ständig. Wir spüren, dass wir nichts mitnehmen können in den Himmel.

SICH IN GOTTES HÄNDE FALLEN LASSEN

IM TOD wird von uns verlangt, uns radikal in Gottes Hände fallen zu lassen. Dieses Loslassen üben wir ein Leben lang ein. Was im Tod geschieht, ist immer schon anwesend in unserem Leben ... Unser ganzes Leben besteht aus solchen Schritten des Loslassens. Neues kann nur wachsen, wenn wir Altes loslassen. Sterben hat mit Geborenwerden zu tun. Aber das Neue kann nur geboren werden, wenn etwas Altes stirbt.

WAS IM TOD GESCHIEHT, hat uns Jesus am Kreuz vorgelebt. Jesus hat den Menschen die Nähe des Reiches Gottes verkündet ... Am Kreuz musste er sein Werk loslassen, für das er sich mit all seiner Kraft eingesetzt hatte. Er musste die Menschen loslassen, die er liebte, deren Wunden er geheilt und denen er die Frohe Botschaft verkündet hat. Und dann musste er seine Vorstellung von Gott loslassen. Und schließlich musste er sich selbst in Gottes liebende Hände fallen lassen.

ES GIBT IN ALLEN RELIGIONEN die Übung, seinen eigenen Tod vorauszumeditieren ... Wenn wir uns vorstellen, wir würden drei Tage im Grabe liegen, was würde da alles im Grabe zurückgelassen? Alles, was an uns tot ist, sinnloser Ballast, Besitz, den wir mitschleppen, Meinungen, an denen wir festhalten, Rollen, die wir spielen, Masken, die wir tragen, all das würde von uns abfallen. Und wir könnten als neue Menschen aus dem Grab erstehen.

Die Vorstellung, im Grab zu liegen, ist eine Hilfe, dass das wahre Leben in uns sich entfalten kann. Das Unechte, alles, was uns am echten Leben hindert, soll abfallen ... Es ist keine Flucht vor dem Kampf, den das Leben von uns fordert, sondern es ist eine Hilfe, das wahre Leben zu gewinnen, die Auferstehung Christi an sich mitten in seinen Aufgaben, mitten in seinem Alltag zu erfahren.

WIR WERDEN trotz aller Bemühungen zuletzt mit leeren Händen vor Gott erscheinen. Das soll uns aber nicht erschrecken, vielmehr dürfen wir getrost sein: Gott kann das wenige, das wir ihm anbieten, annehmen und uns durch das Feuer seiner Liebe verwandeln, so dass wir eins werden mit ihm. Die Verwandlung ist das Werk Gottes und nicht unser eigenes. Das ist die Frohe Botschaft der christlichen Auferstehungshoffnung. Nicht wir müssen uns selbst erlösen, Gott erlöst uns.

atmen Freude und Dankbarkeit. So wird das ewige Leben nicht etwas Langweiliges und Trostloses, sondern ewige Freude, ewiges Fest. Die Differenz zwischen Erwartung und Erfüllung, an der wir leiden, die uns aber zugleich auch lebendig hält, wird im Himmel aufgehoben. Da wird das Fest nicht langweilig, da müssen nicht immer neue Überraschungen eingebracht werden, um die Leute bei Laune zu halten. Der Himmel ist ewiges Fest, das heißt, die Menschen erleben ein für alle Mal diese Hochstimmung, die wir mit dem Fest verbinden. Sie sind in Gott hinein erhoben worden und erfahren, wer sie eigentlich sind.

QUELLENNACHWEIS

Texte:
S. 11, 12, 13, 14, 15, 16, 17, 77, aus: Anselm Grün, Der Anspruch des Schweigens, Vier Türme Verlag, Münsterschwarzach
S. 73, 74, 78, 79, aus: Anselm Grün, Leben aus dem Tod, Vier Türme Verlag, Münsterschwarzach
S. 47, 48, 49, 50, 53 u., 55, 57, 58, 59, aus: Anselm Grün, Glauben als Umdeuten. Glauben – lieben – leben, Vier Türme Verlag, Münsterschwarzach
S. 61, 62, 63, 64, 65, 66, 68, 70, aus: Anselm Grün, Auf dem Wege. Zu einer Theologie des Wanderns, Vier Türme Verlag, Münsterschwarzach
S. 19, 20, 22, 23, 24, 25, 27, 28, 29, 30, 69, aus: Anselm Grün, Verwandlung. Eine vergessene Dimension geistlichen Lebens, Matthias-Grünewald-Verlag, Mainz
S. 33, 34, 35, 36, 37, 38, 39, 40, 41, 42, 44, 45, aus: Anselm Grün, Gebet als Begegnung, Vier Türme Verlag, Münsterschwarzach
S. 51, aus: Anselm Grün, Biblische Bilder von Erlösung, Vier Türme Verlag, Münsterschwarzach
S. 53 o., aus: Anselm Grün, Heilendes Kirchenjahr, Vier Türme Verlag, Münsterschwarzach

Bilder:
S. 10, 13, 15, 18, 26, 36, 68, 76: Anneliese Hück, Hochheim
S. 16, 21, 25, 38, 43, 48, 59: Peter Santor, Karlsruhe
S. 22, 28, 31, 32, 51, 52, 60, 63, 71, 72, 75, 78: Studio Gerd Weissing, Nürnberg
S. 46, 54, 56, 67: Werner H. Müller, Stuttgart